THIS JOURNAL BELONGS TO:

_____

DATE : ————————————

DATE : ——————————————

DATE :

DATE :

DATE :

DATE :

DATE :

DATE :

DATE :

DATE : _____

DATE :

DATE :

DATE : ————————————

DATE : ————————————

DATE : ——————————————

DATE : ————————————

DATE :

DATE : ——————————

DATE :

DATE : ─────────────────

DATE :

DATE : ———————————————

DATE : ————————————————————

DATE : ————————————

DATE :

DATE :

DATE : —————————————————

DATE : ————————————

DATE :

DATE :

DATE :

DATE : _____

DATE :

DATE : ————————————

DATE : ―――――――――

DATE :

DATE :

DATE : ——————————

DATE : ————————————

DATE : —————————————

DATE :

DATE : ————————————————

DATE : ————————————————

DATE :

DATE :

DATE : ————————————————

DATE : ――――――――――――

DATE : ————————————

DATE : ————————————————

DATE :

DATE :

DATE : ——————————————

DATE :

DATE : ———————————

DATE :

DATE : ⸻

DATE : ——————————————————————

DATE :

DATE : ——————————————————

DATE : ————————————

DATE :

DATE : ————————————

DATE : _____

DATE : ——————————————

DATE : ————————————————

DATE : ————————————————————

DATE :

DATE : ——————————————————————

DATE : ————————————————

DATE : ———————————————

DATE : ————————————————

DATE :

DATE : ————————————————

DATE : ————————————

DATE :

DATE : ─────────────────

DATE :

DATE : ─────────────────

DATE :

DATE : ―――――――――――――――――――――

DATE :

DATE : ————————————

DATE :

DATE :

DATE : ————————————————

DATE : ——————————

DATE : ————————————————

DATE : ————————————————

DATE : ——————————————

DATE : ———————————————————

DATE :

DATE : ───────────────

DATE :

DATE : ————————————

DATE :

Made in the USA
Monee, IL
25 July 2022